© 2000 Lappan Verlag GmbH
Postfach 3407 · 26024 Oldenburg
Reproduktionen:
litho niemann + m. steggemann gmbh · Oldenburg
Gesamtherstellung:
Proost International Book Production · Turnhout
Printed in Belgium
ISBN 3-89082-258-4

Friedel Schmidt

NIE MEHR ALLEIN!

Lappan

Das Ei lag hoch oben auf der Spitze des Berges. Es war eine helle Mondnacht. Da, plötzlich hörte man ein leises, knackendes, brechendes Geräusch. Aus dem Ei guckte ein winziges Küken hervor. „Hallo, wo bin ich?", piepte das Küken und gähnte.
Es rieb sich die Augen und rief lauter: „Hört mich denn keiner?"
Aus der Nacht hallte das Echo: „Hallo, wo bin ich? Hört mich denn keiner?"

"Weiß *ich* doch nicht", dachte das Küken, "das habe doch *ich* gefragt! Doch wo einer ruft, muss einer sein!" Es reckte und streckte sich. Es flatterte so aufgeregt mit seinen kurzen Flügeln, dass es umfiel und samt Eierschale den Berg hinabrollte, mitten ins Leben und in das hohe Gras. "Das Leben ist gefährlich!", seufzte das Küken. "Man muss vorsichtig sein und aufpassen, damit man das Gleichgewicht nicht verliert."
Es wackelte unsicher auf dünnen Beinen in die Dunkelheit hinaus.

Gerade erst auf der Welt, kannte das Küken natürlich niemanden und nichts. Es hatte große Angst.
Angst hat man oft vor Dingen, die man nicht kennt.
„Ich bin so allein! Wohin soll ich gehen?", klagte das Küken.
Da kam im Mondlicht plötzlich eine Fledermaus herbeigeflattert.

 „Kann ich dich begleiten?", rief die Fledermaus. Doch das Küken ängstigte sich vor dem fremden Tier.
„Ich segle so einsam durch die Nacht. Willst du nicht mein Freund sein?", fragte die Fledermaus.

„Bevor ich den stockfinsteren Weg allein laufe, gehe ich lieber mit diesem Flattertier", dachte das Küken, und es piepte vorsichtig: „Was ist ein Freund?"
Woher sollte es das auch wissen? Es war doch gerade erst ins Leben gerollt.

 „Ein Freund sieht nicht besonders aus, das ist es nicht", flüsterte die Fledermaus. „Du wirst ihn erkennen. Du fühlst es tief drinnen. Er mag dich, wie du bist. Er versteht dich und ist für dich da, auch wenn du traurig bist."
„Es muss schön sein, einen Freund zu haben", seufzte das Küken. Die Fledermaus flatterte voraus und das Küken trippelte hinterher.

Als sie einen Teil des Weges hinter sich hatten und es langsam hell wurde, erreichten sie einen großen Baum. Die Fledermaus half dem Küken hinauf und hängte sich kopfüber an einen Ast. Das Küken machte es ebenso.

„Kann ich mich an dich kuscheln?", fragte das Küken. „Ich möchte es auch fühlen, was ein Freund ist."
Da legte die Fledermaus ihre Flügel wie einen weiten, warmen Mantel um das Küken und drückte es an sein weiches Fell.
Nachdem sie eine Weile so vor sich hin gebaumelt hatten, wurde es dem Küken recht komisch. Die Welt stand Kopf und ihm war speiübel.
„Ich kann nicht die ganze Zeit hier herumhängen", heulte es.
Die Fledermaus half dem Küken vom Baum und winkte ihm noch lange nach.

Unterwegs traf das Küken einen riesengroßen Zottelbär. „Kannst du nicht mein Freund sein?", fragte das Küken. „Von mir aus", brummte der Bär.

„Aber ich möchte es auch fühlen", bettelte das Küken. Da legte der Bär seine riesengroßen Tatzen um das winzige Küken und drückte es fest an sein flauschig weiches Bärenherz.
Weil der Bär aber so schrecklich stark und tapsig war, hätte er das Küken vor lauter Liebe fast erdrückt.
„Das ist zu viel!", schimpfte das Küken und rannte davon.

Doch wer einen Freund sucht, gibt nicht gleich auf. So fragte das Küken alle, denen es begegnete, ob es vielleicht mit ihnen kuscheln könne.

Der Igel war zu stachelig …

Der Frosch war zu glitschig …

Das Schwein hatte keinen weichen Pelz ...

Der Angsthase rannte gleich davon …

… und wenn ihm nicht spät am Abend eine Henne mit ihren Jungen über den Weg gelaufen wäre, würde das Küken noch heute einen Freund suchen.
Die Henne plusterte sich auf und nahm alle, alle unter ihre Flügel.

 Kurz vor dem Einschlafen piepte unser Küken ganz leise: „Bist du jetzt mein Freund? Dann bin ich nie mehr allein! Darf ich mich ein wenig an dich kuscheln?"
„So viel du willst, mein Kleines", gluckste die Henne. „So viel du willst."